Ce livre appartient à

Offert par

Date où j'ai commencé à le remplir

Ce qu'on trouve dans ce livre

Lucas c'est moi

— Lucas !

C'est la maîtresse qui m'appelle. Aussitôt, je me redresse comme si j'étais monté sur un ressort et je lève la main. À vrai dire, j'étais distrait, j'ai dû râter quelque chose...
— Non, pas toi. L'AUTRE Lucas, fait-elle.
Je me rassois donc, contrarié. Que s'est-il passé ?

La maîtresse continue de pointer le doigt dans ma direction. Alors je me retourne...
De fait, juste derrière moi, se trouve un nouveau garçon que je n'avais pas remarqué. La maîtresse lui fait signe de s'avancer. Un peu gêné, il vient se présenter devant la classe.
— Allez, tout le monde, dites bonjour à Lucas Dupuis ! dit-elle.
En choeur nous lui crions "Bonjour Lucas !"
Mais Lucas, jusqu'ici c'était moi ! À partir de maintenant, les choses vont se compliquer. Imaginez que le prof appelle "Lucas" et qu'on réponde en même temps. Ou que je sois puni à sa place... Ou qu'il reçoive une bonne note à ma place... Comment va-t-on faire ? Toutes ces pensées se bousculent dans ma tête...

A la réflexion, je me dis que même si nous avons le même prénom, nous avons des noms de famille différents, et que nous avons été créés avec une personnalité différente et des goûts différents. Notre aspect physique également est différent, même notre couleur de peau. C'est ce qui fait de moi le "Lucas" que je suis. L'autre Lucas a ses propres particularités, qui le distinguent de moi.

Plus tard dans la journée, je me plante en face du miroir de ma chambre et je proclame, à haute voix : *Je suis Lucas Paquet ! Lucas Paquet, c'est moi, et il n'y a qu'un Lucas Paquet au monde. Je suis unique, parce que je suis l'œuvre d'un prodigieux Créateur.* Ensuite, je fais la révérence, comme pour saluer un immense public. Puis je souris, enfin rassurré.

Salut, c'est moi !

Mon prénom ....

Mon nom de famille ....

Mon surnom ....

Voici une photo de moi

L'un de mes plus vieux souvenirs

Ma main ou mes empreintes digitales

Je te loue de m'avoir fait/e de façon merveilleuse. Psaume 139:14

Je suis celui qui ....
....
....
....
....
....

Mon anniversaire

....

Un bon souvenir
de cette année

Un cadeau d'anniversaire que
j'ai particulièrement apprécié

....
....
....
....

— Mais Papa, pourquoi devons-nous rester à la maison ? Pendant les vacances, mes amies vont à l'étranger avec leurs parents. Elles explorent de nouveaux pays et ça c'est amusant, se lamente Maya en se cachant sous le livre de bandes dessinées qu'elle est en train de lire.

Papa tente de faire comprendre à Maya qu'il y a autour d'ici encore plein de choses passionnantes à découvrir, sans avoir à partir si loin.

En lisant son livre, Maya tombe sur une carte du monde qui lui fait penser à sa famille, parce qu'elle est dispersée un peu partout dans le monde...

Par exemple, sa tante vit en Amérique et son oncle à Paris. Elle a un cousin en Suisse et des grands-parents en Angleterre. Le simple fait de songer à eux la rend un peu triste. Dire que ça fait plus d'un an qu'elle n'a pas revu certains d'entre eux.

Soudain, on frappe à la porte. Qui cela peut-il être ?

Aussitôt, elle se précipite à l'entrée, accompagnée de son papa dont les yeux brillent d'une lueur taquine.

— C'est Grand-mère ! s'écrie Maya, tout excitée à la surprise.

Derrière Grand-mère, Oncle et Tante font mine de se cacher. Et il y a même Cousine Alice.

— Oh là là ! s'écrie Maya, folle de joie. Ce seront les plus belles vacances de ma vie ! Pas besoin d'aller loin pour s'amuser ! Il n'y a rien de plus agréable que de recevoir sa famille ! J'ai Papa et Maman pour moi, mon petit frère, ma grande sœur et vous tous. Je n'arrive pas à le croire, vous êtes tous ici !

Maya leur fait un gros câlin de bienvenue !

— J'aurai de belles histoires à raconter à mes amies. Que je suis heureuse d'avoir une grande famille autour de moi ! Ensemble, le plaisir est doublé. Que dis-je ? Triplé, ou même... comment dit-on ? Quadruplé.

Ma Famille

Ma famille est

- tranquille
- un peu dingue
- normale
- amicale
- généreuse
- ....
- ....

Les parents de Papa ....

Les parents de Maman ....

Mon/mes frère/s ....

Ma/mes sœur/s ....

Mon/mes oncle/s ....

Ma/mes tante/s ....

J'aime ma famille parce que

A la maison, nous aimons ....

Dehors, nous aimons ....

.... Activité familiale préférée ....

....

L'amour, c'est ce qui nous garde ensemble.

Colossiens 3:14

Moment préféré avec mes grands-parents ....

....

Moment préféré avec mes cousins ....

....

Moment préféré avec mon frère ....

....

Moment préféré avec ma soeur ....

....

Nous passons du temps ensemble

- ⚪ chaque jour
- ⚪ 4-5 fois par semaine
- ⚪ 2-3 fois par semaine
- ⚪ le weekend

On s'entend bien !

- ⚪ tout le temps
- ⚪ la plupart du temps
- ⚪ parfois

Chez moi

L'école a été longue aujourd'hui, pensais-je en gravissant les escaliers, chargé de mon sac de classe. Enfin chez nous ! Je vais pouvoir taper dans mon nouveau ballon de foot.

Je fais escale à la cuisine, où Maman a préparé un délicieux goûter. Des biscuits faits-maison. J'en avale quelques-uns au passage et me voilà regonflé d'énergie pour shooter comme Messi.
Papa lit le journal sur le fauteuil qu'il aime bien, ma sœur finit ses devoirs. Et moi, je meurs d'envie de passer à l'action.
Mais où donc est passé mon ballon ? Je le cherche dans le jardin et le garage. Il reste introuvable. Il n'est pas dans ma chambre non plus, ni même dans les toilettes.
Où ai-je bien pu le laisser traîner ?
Mes pensées courent dans tous les sens : notre maison est-elle devenue trop grande, ou serait-ce mon ballon qui est devenu trop petit pour qu'on puisse le voir à l'oeil nu ?

Soudain, il surgit devant moi, sous l'escalier. C'est là que j'ai dû le laisser...
Tout à la joie de l'avoir retrouvé, et sans me poser de question, je tire... de toutes mes forces !

Je sais bien qu'il ne faut pas jouer au ballon dans la maison, mais ça a été plus fort que moi.
Le ballon ricoche sur le mur du couloir, se précipite dans le salon comme un boulet de canon, rebondit sur la petite table, bouscule la lampe et va finir sa course en renversant le beau vase de Maman. Quelle terrible bévue !

Aussitôt, je demande pardon à Papa et je lui donne un coup de main pour nettoyer les dégats... L'eau, les fleurs, et des morceaux de porcelaine répandus un peu partout.

C'est vrai qu'on peut s'amuser à l'intérieur, mais pas à n'importe quoi.
Certaines activités sont plus adaptées à l'extérieur. À vrai dire, c'est là que je suis vraiment le meilleur footballeur !

Ma maison

Je vis ici ....

Je vis avec ....
....

J'habite

- une maison
- un appartement
- une ferme
- ....
- ....

Dessin de ma maison

Dieu bénit la demeure de ceux qui font le bien.

Proverbes 3:33

Ma maison se trouve

- au bord de la mer
- dans la montagne
- dans un village
- dans une ville
- ....

Chez nous c'est

- ⬤ mignon
- ⬤ propre
- ⬤ dérangé
- ⬤ immense
- ⬤ à l'étroit
- ⬤ ....

Chez nous, je ne pourrais pas vivre sans

Mon petit coin favori

Pourquoi ?

À la maison, mon passe-temps favori

La maison de mes rêves aurait

Je dirais que notre maison est

- ⬤ jolie
- ⬤ vieille
- ⬤ en ruine
- ⬤ petite
- ⬤ grande
- ⬤ ....
- ⬤ moderne
- ⬤ magnifique
- ⬤ ....

Mon petit univers à moi

Bienvenue dans ma chambre !

Pour tout vous dire, c'est moi qui en ai choisi le papier peint. Ainsi que la literie, selon mes couleurs préférées. J'ai aussi dégoté ma lampe de chevet et bien d'autres décorations...

Ma chambre est mon petit univers. Je m'y sens à l'aise, j'ai beaucoup de plaisir à y jouer. Mais ça n'a pas toujours été le cas.
Tenez, il y a seulement quelques semaines, il m'était difficile de m'y retrouver. Tous mes jouets se bousculaient, mes vêtements jonchaient le sol en formant une espèce de tapis en patchwork. Et je n'ose pas vous parler de mes livres d'école: ils étaient égarés pêle-mêle un peu partout. Oui, vous l'avez deviné, je n'avais pas trop l'habitude de ranger ma chambre.

Alors Maman a eu une idée ! Elle m'a apporté un lecteur de CD avec certaines de mes chansons préférées. Une fois par jour, pendant que jouait l'une de ces chansons très entraînantes, je devais me dépêcher de mettre autant de choses que je pouvais à leur place. Et vous savez quoi ? Au bout de quelques jours, ma chambre était nickel et je m'y sentais bien. En fait, mieux que jamais. Loin d'être une ennuyeuse besogne, ce rangement avait pris les allures d'un jeu.

A présent, le matin il m'est facile de retrouver mes livres d'école et Maman sait où déposer mon linge propre. Mon frère adore venir jouer avec moi parce que, maintenant, on a davantage de place par terre pour étaler les plateaux de nos jeux de société favoris.

Papa m'a même aidée à ranger ma maison de poupées l'autre jour, bien qu'il soit meilleur pour ranger son atelier ou organiser le lave-vaisselle. Mais chut, cela doit rester entre nous.

L'important c'est qu'à présent, je peux vraiment profiter de ma chambre. Elle est devenue mon petit univers à moi.

Ma chambre

La couleur de ma chambre ....
Dans ma chambre il y a ....
....
....
....
....
....
....

Sois fidèle dans les petites choses.

Luc 16:10

Ce que j'aime avec ma chambre
....
....
....
....
....
....

Ce que je n'aime pas avec ma chambre
....
....
....
....
....
....
....

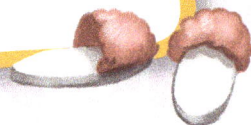

Quelques-uns de mes jouets préférés ....
....
....

Je les nettoie tous les ....
....

Ma chambre est

- ○ à moi tout seul
- ○ partagée
- ○ chouette
- ○ encombrée
- ○ organisée
- ○ en désordre
- ○ petite
- ○ ....
- ○ ....

Ma chambre de rêve

Juste à mon goût

Bonjour gentil soleil ! C'est le weekend ! Youpi ! m'écriai-je en sautant de mon lit.

Pas d'école aujourd'hui ! Je pourrai câliner mes peluches à loisir. Et tant qu'à faire, pourquoi ne pas rester en pyjama ?

Au petit-déjeuner, Papa suggère :
— Que penserais-tu aujourd'hui de faire quelque chose de différent ?
Quelque chose de différent ? Qu'est-ce qu'il veut dire ?
Tout à coup, me voici un peu méfiante, car je suis attachée à mes petites habitudes.

— Il y a un tout nouveau parc, on pourrait peut-être aller s'y promener, poursuit Papa.

Alors je me dis : j'aime bien mon idée de weekend en pyjama, mais essayer quelque chose de nouveau peut aussi s'avérer amusant. Surtout s'il s'agit de faire la découverte d'un tout nouveau parc.

Bientôt, nous suivons un magnifique sentier qui longe les rives d'un lac, dans lequel des cygnes nagent gracieusement. A plusieurs reprises, j'ai l'occasion de me rafraîchir en plongeant les pieds dans l'eau froide. Puis nous découvrons le parc d'activités où j'étrenne de beaux jeux flambant neufs.

DING DING DING !
Ai-je bien entendu ? Serait-ce un marchand de glace ambulant? En effet. Alors, Papa m'offre ma glace préférée. De couleur rose. Oui, vous l'avez deviné, il s'agit d'une glace à la fraise.

Une journée pyjama à la maison ou la découverte d'un nouveau parc, couronnée de crème glacée ? Tout compte fait, je suis contente d'avoir accepté de changer mes plans. Ça s'appelle faire preuve de souplesse.

Ma personnalité

Je dirais que je suis plutôt

- ○ rigolo(te)
- ○ heureux(se)
- ○ sérieux(se)
- ○ sportif(ve)
- ○ aventureux(se)
- ○ intelligent(e)
- ○ ami(e) fidèle
- ○ gentil(le)
- ○ drôle
- ○ honnête
- ○ studieux(se)
- ○ créatif(ve)
- ○ énergique
- ○ endormi(e)
- ○ ....
- ○ ....
- ○ ....

Dessin de moi dans mon costume préféré

Je suis l'ouvrage de tes mains.
Esaïe 64:8

Mon top à moi

livre ....

personne ....

chanson ....

endroit ....

moyen de transport ....

animal ....

aliment ....

film ....

activité ....

dessert ....

goûter ....

objet ....

Dessin de mon jouet préféré

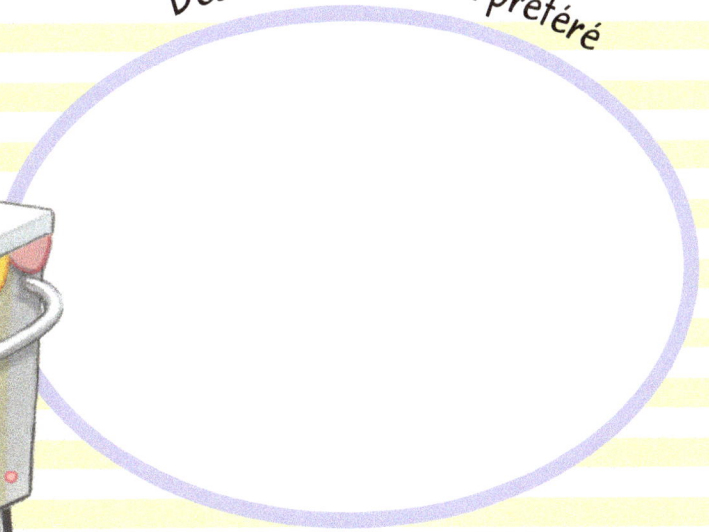

Par une après-midi d'automne déjà fraiche, Papa me demande de l'aider à ratisser les feuilles mortes dans le jardin. Mais l'idée est loin de m'enthousiasmer. En plus, j'ai une bonne excuse : aujourd'hui mon ami Thibault doit venir jouer aux Lego avec moi.

Je dois dire qu'il est très doué pour construire les stations spatiales et moi j'adore créer les vaisseaux spatiaux. On est donc faits pour s'entendre. Et puis, vous en conviendrez, c'est plus amusant que de ratisser des feuilles mortes...

Après avoir joué aux Lego, nous nous asseyons sous la véranda pour partager un bon goûter préparé par Maman. Tout en regardant Papa travailler. Il a encore pas mal de feuilles à bourrer dans les sacs, quand Maman l'appelle :
— Viens, mon chéri, j'ai un bon café pour toi, avec des biscuits tout chauds qui sortent du four !
Papa ne se fait pas prier, trop heureux de pouvoir se réchauffer en dégustant ces gourmandises.

Thibault et moi, nous nous regardons, l'air de dire :
Serais-tu, par hasard, en train de penser à ce que je pense ?
Avec un sourire malicieux, nous courons nous cacher dans un monceau de feuilles. Ensuite, comme des espions, nous risquons un coup d'oeil au dehors...

— C'est vraiment trop cool ! s'exclame Thibault.
— On joue aux extraterrestres égarés sur une planète lointaine. C'est encore mieux que de jouer aux Lego, m'écriai-je. Thibault est bien d'accord.
Revêtus de nos "super-pouvoirs", nous capturons les envahisseurs (les feuilles), nous les enfermons puis les transportons dans des conteneurs à champ magnétique sécurisés (ou sacs poubelles). Pour les faire ensuite disparaître. Quand Papa revient, la planète (notre jardin) a été nettoyée de ses sombres envahisseurs.

Pour bien s'amuser, rien de tel que d'avoir un ami !

Mes amis

Tous mes amis ....
....
....
....

Mon(ma) meilleur(e) ami(e) ....
....

Mon(ma) meilleur(e) ami(e) et moi en
train de déguster une pizza. (Dessine)

*Les amis
s'édifient
mutuellement.*

Jude 20

J'aime bien mon ami(e) parce que ....
Les choses qu"on aime faire ensemble ....
....
Nous sommes pareil(le)s ....
Nous sommes différent(e)s ....

Mon ami(e) m'a dit
quelque chose de gentil (écris-le)

....

....

....

....

Ce que nous faisons
le plus souvent

....

....

....

....

La chose la plus géniale
qu'on a faite ensemble

....

....

....

....

L'endroit où l'on
préfère se retrouver

○ À la maison

○ À l'école

○ Au parc

○ ....

○ ....

○ ....

27

Des jeux de grands avec Papa

Papa et moi, on s'amuse comme des fous !

Il nous arrive de ramper sur le sol en faisant semblant d'être des agents secrets. D'autres fois, on joue au cowboy et je monte à cheval sur son dos. Ou bien encore, on explore la maison en faisant mine d'être des singes à la recherche de quelque étrange créature sous-marine. Nous voilà en train de dévaler une colline en criant à tue-tête comme des Indiens. Oh que j'aime ces moments précieux où Papa joue avec moi !

— Aujourd'hui, on va jouer à des jeux de grands, me chuchote Papa.

— Oh ! Vraiment ? Tu veux dire à des jeux de papa ?

Je suis impatient de savoir ce que ça peut bien être...

Tout à coup, j'aperçois, devant le garage, une belle voiture décapotable rouge.

— Un ami m'a prêté son véhicule tout-terrain, m'explique Papa. Tu veux qu'on fasse un tour ?

Oh là là ! Elle ressemble à l'une de mes petites voitures, mais en beaucoup plus grosse.

Bientôt, nous parcourons la campagne, par monts et par vaux. Nous traversons des ponts qui enjambent des rivières. Nous nous amusons à faire gicler l'eau en roulant sur des flaques. Avec cette voiture, on peut tout faire, me dis-je. Je nous imagine en train de traverser le désert...

Quelle joie de partager un pique-nique assis dans l'herbe, en écoutant Papa me raconter des histoires de quand il était petit !

J'ai trouvé ça très cool de faire une petite virée dans cette élégante voiture rouge. Mais le clou de la journée, c'est d'avoir eu Papa pour moi tout seul.

Quand je serai grand, je rêve d'être exactement comme lui !

Mon papa

Il s'appelle ....
Je lui donnerais (son âge) ....
Mais en fait, il a ....
....

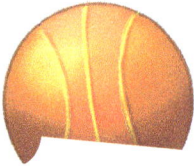

Ce que Papa
fait pour moi

....
....
....
....
....

Écoute ton père.

Proverbes 23:22

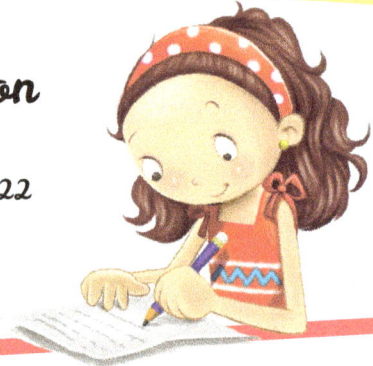

Papa et moi (dessin ou photo)

Ce que j'aime faire avec Papa ....

....

Ce qu'il aime faire avec moi ....

....

....

Ce que j'aime
entendre mon papa dire

....

....

....

....

Comment je peux
aider Papa

....

....

....

....

....

....

Papa est

- gentil
- marrant
- intelligent
- un peu fou
- aimant
- joueur
- sérieux
- ....

- travailleur
- bricoleur
- cool
- grand
- compréhensif
- impatient
- autoritaire
- ....

Des jeux de maman

— Aujourd'hui, c'est notre journée ! m'annonce Maman. Je jouerai à faire comme toi, et toi tu joueras à faire comme moi. Mais on fera les choses ensemble, si tu es d'accord !

Cela promet d'être amusant, j'adore faire des trucs de grande personne, me dis-je.

Nous préparons ensemble le petit déjeuner, que nous avalons en quelques minutes. Puis nous faisons la vaisselle et la rangeons. Nous promenons le chien, passons l'aspirateur, enfournons la lessive dans la machine à laver, accrochons le linge et balayons le perron. L'heure est venue de faire les courses...

— Maman, il n'est pas encore midi et je me sens déjà épuisée. Dire que toi, tu travailles comme ça tous les jours !

— Question d'habitude, je suppose, me répond Maman. Mais nous verrons comment je me débrouille quand ce sera mon tour de faire comme toi.

J'avoue que je suis contente de ne pas avoir à travailler comme Maman tous les jours.

J'ai vraiment l'impression d'avoir grandi aujourd'hui, parce que Maman m'a laissée choisir les fruits et légumes de la semaine. J'en ai profité, bien sûr, pour acheter ceux que j'aime.

L'après-midi, malgré la fatigue, je fais tout ce que j'ai l'habitude de faire. Ce n'est pas la fatigue qui va m'empêcher de servir le thé à mes poupées et mes peluches, ni de construire un chateau-fort sous mon bureau, ni de dessiner ou colorier... Car c'est là MON genre d'occupations ! Le soir, je constate que c'est au tour de Maman d'être un peu fatiguée...

Alors, nous nous asseyons sur le canapé, les pieds sur un tabouret, histoire de nous détendre. Nous parlons de notre journée, un peu différente, mais bien remplie.

Maman a beaucoup aimé dessiner et colorier. Moi, j'ai aimé décider quoi acheter. J'ai compris tout de même que les mamans ont des tas de choses à faire qui ne sont pas toujours très amusantes.

Un jour, moi aussi je serai maman ! Je pense que j'apprécierai toute l'aide que je pourrai recevoir de mes enfants. Oui, vraiment.

Ma maman

Elle s'appelle ....

Je lui donnerais (son âge) ....

Mais en fait, elle a ....

Maman parle avec sagesse et gentillesse.

Proverbes 31:26

Maman et moi (dessin ou photo)

Ce que Maman fait avec moi

....
....
....
....
....

Ce que j'aime faire avec Maman ....

....

Ce qu'elle aime faire avec moi ....

....

....

Ce que j'aime
entendre ma maman dire

....

....

....

....

Comment je peux
aider Maman

....

....

....

....

....

....

....

....

Maman est

- gentille
- jolie
- intelligente
- drôle
- aimante
- joueuse
- artistique
- ....

- impatiente
- bonne cuisinière
- travailleuse
- attentionnée
- compréhensive
- désordonnée
- autoritaire
- ....

35

— Joli tir, Nathan ! Tu m'as presque mis un but.

Enfin, pas vraiment, mais j'essaye de l'encourager.

Cet après-midi, j'aide Maman en m'occupant de mon petit frère. Il n'est pas mon partenaire idéal pour jouer au foot, mais il est mon petit frère idéal.

Je lui propose :

— Allez, viens, montre-moi comment tu dribbles..

En fait, nous sommes tellement absorbés par notre entraînement de football que nous ne remarquons pas les gros nuages noirs qui s'amoncellent au dessus de notre tête, menaçants...

Tout à coup, sans prévenir, le tonnerre se met à gronder.

Vite, nous rassemblons nos affaires et nous nous précipitons vers la maison. Mais la pluie nous surprend en chemin et nous sommes complètement trempés.

Nathan a horreur de se sentir mouillé. Moi aussi d'ailleurs.

Pour nous faire penser à autre chose, je décide d'inventer un jeu. Ainsi, j'aiderai mon petit frère à garder sa bonne humeur :

— Tu as horreur de te faire arroser, mais dans toute mésaventure il peut y avoir du bon. A toi de trouver quelque chose de positif.

— On n'aura pas besoin de prendre de douche, jubile Nathan.

— Pas mal, dis-je en riant, à condition que Maman accepte notre excuse.

Puis je propose quelque chose à mon tour :

— Peut-être bien qu'un bon chocolat chaud nous attend à la maison, avec les délicieux biscuits de Maman...

Et nous voilà partis à citer tous les noms de biscuits qui nous viennent à l'esprit...

Il n'en faut pas plus pour nous redonner du courage tout le reste du chemin.

Mon caractère

Une fois j'ai fais preuve de courage
....

Je suis resté(e) de bonne humeur même quand
....

J'ai montré du respect quand
....

Je suis fidèle à
....
....

Je suis

- patient(e)
- sage
- tranquille
- un peu fou(folle)
- occupé(e)
- heureux(se)
- assuré(e)
- gentil(le)
- responsable
- généreux(se)
- dégourdi(e)

- ordonné(e)
- travailleur(se)
- honnête
- enjoué(e)
- positif(ve)
- courageux(se)
- obéissant(e)
- respectueux(se)
- fidèle
- ....
- ....

Honnêteté et droiture me protègent.

Psaume 25:21

Quelle bonne valeur ai-je mise en pratique aujourd'hui ?

....
....
....
....

Je me sens généreux(se) lorsque

....
....
....
....
....

Ce que j'ai fait aujourd'hui pour témoigner de la gentillesse

Sur une autre planète

Nous sommes en plein cours et le maître vient d'inscrire ce petit problème de maths au tableau : 7 + 8 = ?

L'énoncé de cette question vient me rappeler que, dans 7 jours exactement, j'aurai 8 ans. Incroyable ! Ces chiffres tombent à pic, on peut difficilement faire mieux !

On fêtera ça dans le jardin, il y aura plein de cadeaux et toute la décoration sera sur le thème de l'ESPACE. Des planètes, des lunes et des étoiles seront suspendues un peu partout...

Mon oncle est très généreux. Peut-être bien qu'il m'offrira un vrai vaisseau de l'espace. Cette nuit-là, je me préparerai à mon premier voyage et je décollerai dès le lendemain matin.
Je dirigerai mon vaisseau vers des planètes inconnues et, guidé par des étoiles qui restent à découvrir, j'atteindrai ma destination. Cette nouvelle planète, je la baptiserai de mon nom et de celui de mon petit caniche, car il sera mon co-pilote : "Adamus Polko".
Les habitants de cette planète m'acclameront chaleureusement et je leur répondrai avec bienveillance, en me levant et en m'inclinant légèrement pour les saluer d'un grand geste amical...

— Oui, Adam, vous avez une question ?
Oups. C'est le prof.
Brusquement, me voilà revenu sur terre. J'ai quitté la planète "Adamus Polko" et je me retrouve en train de saluer toute la classe... Comme aucune question ne me vient à l'esprit, je reste bêtement muet, puis je me rassois.
Il est vrai que j'aurais pu demander de quoi on parlait, mais cela m'aurait valu une très mauvaise note.

Loin de moi l'idée de renoncer à mes rêves de voyage dans l'espace, mais je ferais bien de me mettre sérieusement à étudier, si un jour je veux savoir calculer mes trajectoires...

Sinon, je risque fort de me perdre, et ce serait le comble de devoir passer à côté du bon dîner que Maman m'a préparé.

Mon école

Combien d'élèves dans mon école ? ....
Combien d'élèves dans ma classe ? ....
Je suis assise(e) à côté de ....

Ma classe

- est lumineuse
- est bien chauffée
- est colorée
- a de grandes fenêtres
- est confortable
- a de beaux bureaux
- est spacieuse
- est encombrée
- est surpeuplée
- ....
- ....

Colle ici un échantillon de ton travail

42

Activités amusantes qu'on fait ensemble ....

Ma sortie scolaire préférée ....

Quand j'ai de bonnes notes, je me sens ....

Je suis fier/ère quand ....

Je suis vraiment bon/ne en ....

Ce que je trouve difficile ....

.... Le sujet que je préfère ....

....

.... Le sujet que j'aime le moins ....

....

Reçois toute l'instruction que tu peux afin que tu sois sage. Proverbes 19:20

Je lis des livres

- tout le temps
- quand je m'ennuie
- quand j'y suis obligé(e)
- juste à l'école
- juste à la maison
- ....

Certains de mes livres préférés

....

....

....

....

....

Merci à la maîtresse

Maintenant, on va passer aux mathématiques, annonce Madame Mathis, notre maîtresse.

Allons bon ! La matière que j'aime le moins. Les chiffres... on dirait qu'ils viennent s'égarer dans la partie de mon cerveau réservée aux coloriages.

Je lève la main :

— Madame, est-ce qu'on pourrait faire un pop quiz plutôt que de suivre notre manuel de maths ? J'ai du mal à lire les chiffres.

— Mais tes yeux fonctionnent très bien quand il s'agit d'épeler, répond-elle.

— C'est parce que j'utilise mes lunettes de lecture. Mais je n'ai pas de lunettes pour les maths.

Patiemment, Madame Mathis prend le temps de m'expliquer que les mêmes lunettes marchent pour les deux, la lecture et les maths. Elle doit bien savoir, puisqu'elle aussi porte des lunettes.

Madame Mathis est une merveilleuse prof. Elle a beaucoup d'élèves. Nous savons tous qu'elle adore enseigner, parce que, souvent, elle n'hésite pas à rire avec nous.

On peut facilement la reconnaître dans une foule, à ses grosses lunettes rondes et à ses chaussures rose bonbon.

Hier, quelques-uns d'entre nous avons décidé de lui écrire un petit mot de remerciement. Madame Mathis l'a déplié et s'est mise à le lire à haute voix. Je pense qu'elle a été touchée parce qu'elle a souri et même qu'une larme a coulé sur sa joue...

— Je suis désolée, a-t-elle réagi, j'ai du mal à lire votre mot si gentil, tellement je suis émue.

Alors moi je lui ai dit, en croyant l'aider :

— Si vous avez du mal à lire, vous pouvez épeler.

Elle a éclaté de rire.

Je crois vraiment que tous les enfants devraient avoir une maîtresse comme Madame Mathis.

Mon/ma prof

Mon école s'appelle ....

Mon/ma prof s'appelle ....
....
Je pense qu'il/elle a ....
(son âge) ....

Il/elle

- est grand(e)
- est petit(e)
- est jolie
- est beau(belle)
- a une barbe
- a des cheveux longs
- est bien habillé(e)
- porte des lunettes
- ....
- ....
- ....

Je t'instruirai et te
montrerai la voie
que tu dois suivre.

Psaume 32:8

46

Ce que j'aime chez mon/ma prof. Il/elle...

- ○ explique bien
- ○ est drôle
- ○ est patient(e)
- ○ est attentif(ve)
- ○ est gentil(le)
- ○ ....
- ○ ....

Ce que je n'aime pas chez mon/ma prof. Il/elle...

- ○ crie beaucoup
- ○ donne trop de devoirs
- ○ est très sévère
- ○ est trop sérieux(se)
- ○ ....
- ○ ....

Qu'est-ce que j'ai fait de gentil récemment pour mon/ma prof?

....

....

....

....

....

Ça en valait la peine

Quelle différence y a-t-il entre notre équipe de hockey et les œufs brouillés ?
Réponse : En fait, il n'y a pas de différence, les uns et les autres sont toujours battus.
Triste à dire, telle était l'histoire de notre équipe de hockey.
On était bons pour patiner, mais nuls pour faire des passes.
On était bons pour tirer dans le palet, mais nuls pour l'envoyer là où il fallait.

— Laissons tomber ce sport, déclara un jour l'un de mes co-équipiers. Ça fait trop mal aux fesses quand on tombe par terre. Je rêve d'un sofa bien douillet.
Malheureusement, c'était exactement comme ça aussi que moi je voyais la chose. Pourquoi le hockey semble si facile quand ce sont les autres qui jouent, mais si difficile quand c'est nous ?

Jusqu'au jour où notre coach nous a livré un petit secret :
— Vos débuts sont laborieux mais vous ne pouvez même pas imaginer jusqu'où vous êtes capables d'aller. Quiconque s'est donné à fond ne l'a jamais regretté.
Alors vous pensez peut-être qu'on a abandonné ? Eh bien non. Pas question !
Après de longs mois d'entraînement ardu, de chutes à n'en plus finir, nous voilà en chemin pour une vraie compétition...
— Quand vous ferez une faute, vous aurez plein de gens pour vous siffler, au point que ça vous écorchera les oreilles, nous rappelle le coach. Mais n'écoutez pas les voix qui cherchent à vous décourager. Concentrez-vous sur les actions positives.

Et c'est ce que nous avons fait.

Avons-nous commis des fautes ? Oui, bien entendu. Mais avons-nous remporté la victoire ? Oui, absolument, croyez-le ou non.

Les dures sessions d'entraînement, les éraflures, les bleus sur les fesses...
Après la victoire, on ne regrettait rien. Tout cela en valait mille fois la peine.

Le sport et moi

Je fais
du sport avec

....

....

....

Courons avec persévérance.

Hébreux 12:1

	Je suis bon(ne) au(à) la	Je me débrouille au(à) la	Je suis mauvais(e) au(à) la
basket	☐	☐	☐
football	☐	☐	☐
rugby	☐	☐	☐
tennis	☐	☐	☐
natation	☐	☐	☐
hockey	☐	☐	☐
course à pied	☐	☐	☐
gymnastique	☐	☐	☐
danse	☐	☐	☐
vélo	☐	☐	☐
ping-pong	☐	☐	☐
....	☐	☐	☐
....	☐	☐	☐
....	☐	☐	☐
....	☐	☐	☐
....	☐	☐	☐

Sports d'extérieur que je pratique ....

....

....

Sports d'intérieur ....

....

....

Me voici en plein effort dans
mon sport préféré

Ce que j'aime bien
dans les sports

....

....

....

....

....

51

Mon beau jardin fleuri

Récemment, nous avons déménagé dans une grande et vieille maison, qui demandait BEAUCOUP de réparations. Papa et Maman s'y sont attelés courageusement. Quant à moi, j'ai trouvé le travail qui me correspondait parfaitement.

— Papa, Maman, est-ce-que je pourrais m'occuper du jardin ?
Toute mon expérience en jardinage se limitait à posséder une fougère. Dois-je préciser que c'était une fougère en plastique ?

C'est pourquoi Maman a suggéré :
— Tu pourrais rechercher des livres ou des revues sur l'art de faire pousser les plantes et les fleurs.

Plus une minute à perdre. J'ai passé toute l'après-midi à la bibliothèque, section jardinage. Pendant que Maman se laissait distraire par d'autres ouvrages sur la décoration.

Arracher, bêcher, ratisser... La tâche promettait d'être plus ardue que je ne l'avais tout d'abord imaginé. Mais à en croire les magnifiques photos, le résultat final serait encore plus beau.

Alors me voilà en train d'arracher les mauvaises herbes, bêcher, ratisser. Puis il fallut planter, arroser, puis encore arracher les mauvaises herbes. Petit à petit, mon jardin prenait forme...

Toutefois, les oiseaux me causèrent un petit problème, car lorsque je semais des graines, ils pensaient que je leur donnais à manger.

— Je peux te fabriquer un épouvantail, proposa Papa.
Mais je pense que son épouvantail avait l'air trop gentil pour épouvanter qui que ce soit. Alors j'ai eu l'idée d'y déposer des graines de tournesol, pour distraire ces petits gredins.

Au bout de quelques semaines, le jardin était splendide. A mon humble avis, il était même plus beau que l'intérieur de la maison. Pas étonnant, à vrai dire, car mes fleurs avaient pour décor le somptueux "papier peint" de la belle nature.

Mon Jardin
(ou un jardin que j'aime)

Dans mon jardin, il y a

- un chemin
- une entrée voiture
- un garage
- un potager
- une pelouse
- des arbres fruitiers
- des buissons
- une clôture
- des cailloux
- ....
- ....
- ....

J'y trouve ces fleurs ....
....
J'y trouve ces arbres ....
....

Ce que j'aime dans mon jardin

Dieu a fait les plantes, l'herbe et les arbres.

Genèse 1:11

Ma fleur préférée ....
Mon arbre préféré ....

(Le temps qu'il fait)
J'aime être dehors quand...

Dehors j'aime

- courir
- marcher
- me promener
- faire de la luge
- nager
- m'allonger dans l'herbe
- pique-niquer
- explorer
- faire du sport
- ....
- ....
- ....

J'aide à arroser

- les plantes du jardin
- les plantes d'intérieur
- toutes les plantes

Reconnaissant de A à Z

C'était la saison de la cueillette des pommes, et je rendais visite à mes grands parents dans leur ferme. J'adorais jouer dans la cabane que Grand-père m'avait construite dans les arbres.

— Lina, voudrais-tu descendre nous donner un coup de main pour récolter les pommes ? me pria-t-il. On commence.

— Oui Grand-père, le temps de mettre un peu d'ordre à l'intérieur de ma cabane et j'arrive tout de suite. Après tous ces mois d'absence, elle a grand besoin de ménage..

Quelques minutes plus tard, alors que je viens de disposer la vaisselle sur l'étagère, la cabane se met à trembler. Simple brise d'été, me dis-je. Quelques secondes plus tard, voilà qu'elle se remet à trembler, cette fois-ci beaucoup plus fort. À présent, ce doit être le vent d'été.

Mais les secousses s'amplifient, au point que je dois m'accrocher à une grosse branche pour m'empêcher de tomber. Que se passe-t-il ? Serait-ce un tremblement de terre ?

Le calme revient bientôt. Je tends l'oreille : le monde autour de moi a-t-il survécu à ces terribles secousses ?

Mais qu'est-ce que j'entends ? On dirait des rires étouffés. Et comme la voix d'une autre fille...

Curieuse, je me penche à la fenêtre de la cabane, pour constater que le sol en dessous de moi est jonché de belles pommes rouges rutilantes...

Grand-père ! C'était lui qui avait fait le tremblement de terre ! Il avait secoué l'arbre pour faire tomber les pommes. Inutile de vous dire combien j'étais soulagée de savoir que ce n'était pas un vrai tremblement de terre. C'est alors que j'entends Grand-père :

— Merci pour ton aide, Juliette. Tu peux emporter autant de pommes que tu peux en prendre avec toi.

Juliette... Ce nom me dit quelque chose, pensai-je en descendant avec précaution de ma cabane. Ce doit être la fille de la ferme d'à côté.

— Merci de te joindre à nous, m'accueille Grand-mère. Maintenant que tu es là, nous pourrons commencer notre jeu. Pour chaque pomme qu'on ramasse, on va dire quelque chose qui nous rend reconnaissants, quelque chose qui commence par A, puis par B, et ainsi de suite jusqu'à Z. Comme ça, on pourra même compter combien de pommes on aura ramassées.

Je suis reconnaissant(e)

Louez l'Éternel
car il est bon.

1 Chroniques 16:34

Pourquoi j'ai eu une super journée

Mon jour préféré de la semaine ....

Pourquoi ? ....

Ce que j'aime ce mois-ci ....

....

Ce que j'aime cette année ....

....

Ma saison préférée est...

Parce que...

Des choses qui me font sourire ....
....

Des choses qui me font rire ....
....
....

Mes vacances préférées ....
....
....
....
....

Dix choses qui me
rendent reconnaissant(e)

Ce que j'aime
par rapport à moi-même
....
....
....

Ce que j'aime par rapport
à la ville où j'habite
....
....
....

1 ....
2 ....
3 ....
4 ....
5 ....
6 ....
7 ....
8 ....
9 ....
10 ....

59

Drôles de clowns

— Atchoum ! Keuf keuf keuf ! Pourquoi suis-je malade ? se lamente petit Pierre auprès de sa maman. Ce n'est pas normal, vu que cette semaine j'ai mangé mes légumes... Euh, au moins une fois.

— On tombe malade quand des armées de méchantes petites bestioles envahissent notre corps, explique Maman. On les appelle microbes. Elles sont si petites qu'on ne peut même pas les voir. La meilleure façon de rester en bonne santé est de se laver les mains très souvent et de vivre une vie saine. Il ne suffit pas de manger des légumes une fois par semaine.

— Mais n'y a-t-il pas des remèdes pour me guérir ?
Maman reprend la feuille du médecin, où il a écrit : "Prends ce médicament au goût atroce et tu iras mieux dans une semaine. Ou repose-toi, bois beaucoup, et tu iras mieux dans 7 jours."

Notre pauvre petit Pierre passe l'après-midi au lit, en s'occupant du mieux qu'il peut : il lit, fait la sieste, visionne une vidéo, regarde par la fenêtre... Mais surtout, il se mouche. Il se mouche et se remouche, au point que son nez lui fait mal.

Ce serait chouette de pouvoir juste enfiler un costume de super-héros et aussitôt me sentir en pleine forme, pense-t-il.
Juste à ce moment-là, la porte s'ouvre brusquement et trois clowns drôlement habillés font irruption dans sa chambre en jouant de leurs instruments. Du mieux qu'ils peuvent...

Ils chantent, font un numéro de jonglerie et racontent quelques bonnes blagues rigolotes.

— Papa, Maman, Frérot, est-ce vous ?

Même si leurs costumes de clown ne leur donnent pas des pouvoirs magiques, ils ont sur Pierre l'effet qu'il en attendait.

Il se sent déjà beaucoup mieux, à cause de toute la joie, de l'encouragement et de l'amour prodigués par sa famille.

Sans parler de la bonne soupe chaude (aux légumes) qu'on lui sert ensuite.

Ma santé

Je prie que tu sois en bonne santé et en pleine forme.

3 Jean 2

La dernière fois où j'ai été malade

J'avais une

Pourquoi je n'aime pas être malade

Mais je me sens mieux quand

Cela m'arrive d'attraper

Quand je suis malade j'aime bien faire...

La dernière fois
chez le médecin...

Quand je suis malade
je me sens

- las(se)
- seul(e)
- triste
- de bonne humeur
- pitoyable
- terrifié(e)
- inconfortable
- frustré(e)
- ok
- inquiet(ète)
- fatigué(e)
- ....
- ....

Ce que j'apprécie le plus
après avoir été malade

....
....
....
....

Quand je suis
malade, j'aime
être avec

Bon
rétablisse-
ment !

Une créativité débridée

— Je ferai voguer mon bâteau géant jusqu'en Antarctique, lance mon frère, tout excité à cette idée.

— Et moi, je ferai voler mon ballon dirigeable au dessus de notre école.

C'est ainsi que, durant le trajet en voiture qui nous emmène chez notre tante, mon frère et moi nous nous amusons à inventer toutes sortes d'histoires un peu loufoques...

— Mon bateau traverserait de terribles tempêtes sans le moindre dommage à la coque, je lui donnerai des vitamines, pour le fortifier...

— Je pourrais écrire des blagues sur des bouts de papier et les lâcher depuis mon ballon, pour faire rire les enfants...

— On pourrait même leur lancer des robots qui les aideraient à faire leurs devoirs, suggère mon frère...

— Mais comment les faire tomber sur le ciment sans qu'ils ne se fracassent ?

— T'inquiète, le ciment, c'est solide, me répond-il en faisant semblant d'avoir compris ma question à l'envers.

Bref, nous avons passé le reste de la route à inventer des histoires sans queue ni tête...

— Peut-être bien que vous devriez écrire tout ça, intervient Maman depuis le siège avant. Un jour peut-être, quelqu'un en tirera des inventions géniales. Ou tout au moins, on vous inscrira au livre des records pour l'imagination la plus fertile.

J'adore notre créativité débridée. Certains diront que nous sommes ridicules, mais les idées folles s'avèrent parfois les meilleures. C'est peut-être comme ça qu'on a inventé les toilettes... Or, de nos jours, on ne pourrait pas s'en passer.

Quoi qu'il en soit, ce jour-là, le trajet, d'ordinaire si long, nous a paru extrêmement court.

Une imagination folle

Mon pouvoir magique serait...

....

....

Si j'inventais une machine, ce serait

On ne peut même pas imaginer ce que Dieu a préparé pour nous. 1 Corinthiens 2:9

Je lui donne un nouveau nom

Que serais-je si j'étais

un oiseau ....

un objet ....

une fleur ....

une chanson ....

un animal ....

une voiture ....

un jouet ....

une chanson ....

un animal domestique ....

Si j'avais 3 voeux, ce serait

Si j'étais célèbre, je

Si j'étais dans un cirque, je serais

Si je pouvais être n'importe quoi, je serais

Si je pouvais aller n'importe où dans l'univers, j'irais

Je m'invente un nouveau nom

J'invente un nouveau plat

Ça ne coûte rien d'essayer

– Quand je serai grand, je serai chef-cuisinier.

– Et moi, zoologiste.

– Moi, je construirai des maisons.
Aujourd'hui, notre classe organise une sortie sur le thème "Qu'est-ce que je ferai quand je serai grand ?" Il nous est donné l'occasion d'essayer trois professions au salon des métiers. On y trouve les costumes, les machines et les installations nécessaires pour toutes sortes de métiers...

Mais, petit problème, je n'ai pas la moindre idée de ce que je veux faire. Je ne sais même pas pour quoi je suis douée.

Serai-je enseignante ? Cela me paraît trop difficile. Et si l'on me posait une question à laquelle je ne sais pas répondre ?

Coiffeuse ? Ça a quelque chose d'effrayant. Imaginez qu'un client n'apprécie pas mon style de coiffure...

Secrétaire ? Il faut faire attention aux moindres détails ! Imaginez que j'envoie le mauvais mail à quelqu'un...

Tous mes amis ont choisi leur métier, mais je suis incapable de décider ce que je veux faire dans la vie, car je suis paralysée par la peur de me tromper. Alors on me demande de faire partie du jury pour les chefs.

Bientôt, les "cuisiniers" viennent me présenter leurs petits plats...

– Une tarte à la crême sanguine, annonce le premier.
– Des pâtes grillées à la sauce confiture, annonce le second.

Je n'ai pas la moindre idée de ce que ça peut être, mais il a bien fallu que je les goûte... Pas trop fameux, à vrai dire.

Tout à coup, je comprends. Je n'ai pas vraiment à décider de mon métier. C'est juste amusant d'essayer. Et qui sait, peut-être même que je serai cuisinière... Car, après tout, je prends du plaisir à cuisiner et je me sens capable de faire mieux que ça.

Quand je serai grand(e)

Je suis impatient/e de

....
....
....
....
....
....

Je veux me marier

Quand je serai grand(e)

Je travaillerai à ....
Je vivrai ....
J'aurai ....
Je possèderai ....
Je serai ....
....
....

J'ai hâte
de grandir
parce que

....
....
....
....
....
....
....

Je donne une note
de 1 à 10, à ce que
j'aimerais être ou faire

Le tour du monde à la voile
Voler jusqu'à la lune
Imaginer ma propre robe
Concevoir ma propre maison
Devenir chef étoilé
Être un(e) athlète
Être chercheur(se) scientifique
Être auteur(e) de bestseller
Être un(e) artiste
Apprendre à faire du ski
Vivre sous tente
Être centenaire
Laisser pousser mes cheveux
Changer de nom
Être un chat pour une journée
Être une pop star
Être pompier/policier

....
....
....

Enseigne-
nous à bien
utiliser tout
le temps
que nous
avons.

Psaume 90:12

Combien
d'enfants est-ce
que j'aurai ?

Les vacances sont l'une de mes activités préférées parce qu'elles nous apportent une chance

1. De faire des trucs dingues en famille.
2. De nous rendre dans des régions inconnues, que ce soit en voiture, en bus, en train ou en avion.
3. De visiter de nouveaux lieux, que ce soit des musées ou l'intérieur de châteaux.
4. De nous détendre et de rester sans rien faire (ce qui, entre parenthèses, n'a rien de très drôle).
5. De découvrir de nouvelles sensations, de nouveaux goûts et de nouveaux paysages.

Aujourd'hui, Papa nous surprend :
— Durant ces vacances, nous ferons quelque chose que nous n'avons jamais fait !

Mon imagination s'envole. Qu'est-ce que ça peut être ? Va-t-on faire du karting, voler en hélicoptère, nager avec les dauphins, visiter la tour Eiffel ou la statue de la Liberté... ?

— Je vous donne un indice, ajoute-t-il. Quelque chose de froid.

Va-t-on visiter une usine à fabriquer des glaces ? Va-t-on patiner ? Ou visiter l'Antarctique ?

Sans attendre plus longtemps, Papa lâche la nouvelle :
— Nous irons à la montagne, pour skier.
— Sensationnel ! Mais comment cela sera-t-il possible, vu qu'on ne sait pas skier ?
— Le premier jour, on aura des instructeurs, répond Papa, et le reste du temps, on s'entraînera sur les pistes. Puis on ira au restaurant. Comme ça, en entrée on commandera des œufs en gelée, et au dessert, des œufs en neige...

Tout le monde éclate de rire...

Vacances et aventures

Ce que j'aimerais faire ....
....

Où j'aimerais bien aller ....
....

Colle ici un
billet d'entrée

Le top de mes vacances jusqu'ici

*Soyez heureux,
réjouissez-vous.*

Philippiens 4:4

Je préfère voyager

- en avion
- en train
- en bateau
- en bus
- en voiture
- à vélo
- ....

Mes vacances
de rêve, ce serait

Quelques sorties
que j'ai faites

- parc
- zoo
- musée
- château
- à l'étranger
- parc d'attractions
- cinéma
- piscine
- ski
- randonnée en montagne
- gymnase
- ....
- ....

Date de nos dernières vacances

Dans notre famille, au début de chaque année, nous avons pour tradition de partager nos progrès de l'année écoulée.

— J'ai appris à mieux jouer de la trompette, déclare Papa.
— Et moi maintenant, je sais manger toute seule, lance fièrement ma petite sœur.
— J'ai appris à préparer de nouveaux plats, poursuit Maman.
— Et moi, j'ai grandi de dix centimètres.

Humm, à vrai dire, je ne suis pas sûr que ce soit ce genre de progrès que Papa et Maman nous demandent de partager.
A bien y réfléchir, j'ai quand même appris plein de choses cette année.
Tenez, par exemple, j'ai appris à mieux choisr mes vêtements, pour qu'ils aillent bien ensemble (J'adore le vert et le violet, mais ensemble ça fait criard.)
J'ai appris mes tables de multiplication. J'ai fait des progrès en orthographe. Mais surtout, j'ai appris à nager, et j'en suis très fier.

Au début, j'avais peur de l'eau. Mais au bout de quelques leçons, et en m'entraînant dans notre petite piscine, j'ai réussi à mettre la tête sous l'eau et à m'y habituer. Maintenant, j'ai l'impression que je pourrais très bien devenir champion ! (Enfin, avec juste un peu plus d'entraînement.)

Ensuite, nous avons fait une petite liste des choses dans lesquelles nous aimerions progresser au cours de la nouvelle année.
— Maman, tu as une autre feuille de papier ? Ma liste s'est un peu allongée. (Peut-être bien que je devrais ajouter à cette liste "Apprendre à écrire plus petit".)

Maman m'a suggéré de surligner mes trois préférences, pour commencer. En voilà une bonne idée.

Autrement, je risque de grandir trop vite.

Mes progrès

Cette année, j'ai appris

....

....

....

....

....

L'un de mes grands progrès

Je peux tout faire avec la force de Dieu.

Philippiens 4:13

Qu'est-ce qui fait de moi un héros ?

....

....

....

....

....

Je sais ....

J'ai osé ....

Quand je fais quelque chose de nouveau, je ressens ....

J'aimerais essayer ....

Récemment j'ai réussi ....

J'ai bien fait de ....

Bravo !

Je me sens fier(ère) quand

Quelques-uns de mes buts cette année

- ....
- ....
- ....
- ....
- ....

Un nouveau départ

— Chéri, as-tu vu le garçon qui a fait irruption dans la maison en faisant des traces de boue un peu partout ? demande Maman.

— Non, lui répond Papa. Il est reparti avant que je ne puisse le voir.

En entendant cela, je m'inquiète. C'est un peu fort. Comment un garçon qu'on ne connaît pas a-t-il pu s'introduire dans notre maison ? Je recherche des indices... Effectivement, il y a des traces de boue jusque dans ma chambre. Je suis choqué. Tout de même ! Les étrangers ne sont pas autorisés à entrer chez nous.

Toutefois, en poursuivant mes investigations, je parviens à la conclusion que c'est MOI qui ai laissé ces traces... En plus, je manque de trébucher en pénétrant dans ma chambre, parce qu'on ne sait plus trop où mettre les pieds...

Papa me demande ce que j'en pense, mais mon excuse est franchement minable :

— Non, Papa, ma chambre n'est pas en désordre, j'ai juste fait ça pour faire tomber les cambrioleurs. D'ailleurs, chaque fois que j'essaie de ranger ma chambre, je suis tellement content de retrouver des jouets que je me mets à jouer avec.

— Commence par organiser tes affaires, et tu sauras ce que tu as. Je suggère que pour chaque chose que tu ranges, tu puisses rester debout ce soir une minute de plus. Ça te va ? suggère Papa.

Comment laisser passer pareille opportunité ? Vu l'état de ma chambre, je suis parti pour me coucher très tard...

Je range donc mes vêtements dans les tiroirs, à moins que leur odeur douteuse ne m'oblige à les jeter dans le panier à linge sale. Je vide le contenu de la corbeille à papier, je mets mes jouets un peu moins en évidence. Enfin, je me dis: *Si je vide l'aspirateur, ça fera de moi un aspirateur d'aspirateur.* Ah, ah, ah, vous pigez ?

Au bout du compte, j'ai gagné tellement de minutes que je n'ai pas besoin d'aller me coucher du tout ! Je vais donc en profiter pour... Ooouahw...Je tombe de sommeil... Zzzzzzzzzzzz.

Mes habitudes

J'aimerais prendre ces bonnes habitudes

Pourquoi est-il bon de prendre de bonnes habitudes?

....
....
....
....
....
....

Je prends soin de mon corps

- Je prends une douche
- Je me brosse les dents
- Je me coiffe
- Je me lave le visage
- Je me parfume
- ....
- ....

Ne nous fatiguons pas de faire ce qui est bien.

Galates 6:9

Je prends soin de ce qui m'entoure

- Je lace mes chaussures
- Je fais mon lit
- Je range ma chambre
- Je choisis mes habits
- Je mets mes habits sales dans le panier
- ....
- ....
- ....
- ....
- ....

J'aide ma famille

- Je mets le couvert
- Je débarrasse
- Je nourris le chat
- ....
- ....
- ....
- ....
- ....
- ....

J'aimerais me débarrasser de ces mauvaises habitudes

Un jour, juste avant de me coucher, j'ai essayé de peindre des rideaux sur ma fenêtre. Alors, dès le lendemain, Maman m'a inscrit à un cours de peinture. Sans doute a-t-elle été impressionnée par mon talent.

Peu de temps après, Papa a installé un atelier de peinture pour moi dans le grenier. Donc, plus besoin de faire attention à ne pas mettre de la peinture sur mes jouets, ou sur le lit, ou sur les murs. J'adorais peindre, sauf qu'après, c'était le désastre, il fallait tout nettoyer.

Tout pour moi était de l'art. Même quand j'écrivais, c'était de l'art, il fallait que je dessine mes lettres.

Toutefois, il m'était difficile de peindre ce que je voyais dans ma tête. Si, par exemple, j'imaginais une splendide mer bleue-turquoise, mon premier essai ressemblait plutôt à un marécage. Jusqu'au jour où j'ai compris qu'il me fallait d'abord tracer les contours au crayon.

— Youpi ! C'est beaucoup mieux comme ça,! Je vais signer ce chef-d'œuvre. On ne sait jamais, un jour peut-être il vaudra beaucoup d'argent. En attendant, je vais le donner à Grand-père. Justement, il habite au bord de la mer.

— C'est l'heure du dîner ! appelle Maman.
Aussitôt, je rebouche les tubes de peinture, j'essuie ma palette et je rince mes pinceaux... dans mon verre de jus d'orange !

Oh l'étourdie que je suis ! Je me demande si ça arrive à d'autres grands artistes. Papa m'a dit un jour : "C'est en faisant des erreurs qu'on apprend. Tous les grands peintres ont connu des débuts difficiles." Voilà bien la preuve !

En tout cas, on ne m'y reprendra plus à mettre de la peinture dans mon jus. Ou du jus sur mon pinceau... Enfin, peu importe, vous m'avez compris.

Mes talents

Mettez vos dons au service des autres.

1 Pierre 4:10

Ces choses-là
m'inspirent

Je sais ....

....

....

Ce que j'aime faire plus que tout

....

....

J'excelle dans ....

....

....

....

Ma qualité dominante ....

Je suis fier(ère) de ....

Je suis passionné(e) par ....

....

Je suis créatif(ve) dans

Mes passe-temps favoris

- jeux de société
- dessiner
- lire
- danser
- sports
- projets artisanaux
- peluches
- Lego
- poupées et maisons
- construire
- chanter
- jouer dans le jardin
- ....
- ....

J'aimerais apprendre à

....
....
....
....
....

— Pierre, à quoi ça sert d'avoir des oreillers si on ne peut même pas se les lancer à la figure ? fait remarquer mon ami Arthur, qui est venu chez nous pour une soirée pyjama.

— Alors je déclare les jeux ouverts ! annonçai-je, tout excité, en me préparant à lui asséner un premier coup.

Les oreillers volent dans tous les sens comme des projectiles. Nous devons sauter en l'air ou nous jeter à plat-ventre pour les esquiver.

J'ai vraiment le sentiment d'être le meilleur à ce jeu et la pensée m'effleure l'esprit : je suis si bon à ce genre de sport que je pourrais en faire une carrière. Me voilà déjà en train de m'imaginer sur la plus haute marche du podium couronné d'un titre : "Pierre, champion du monde des batailles d'oreillers".

C'est tellement drôle que nous en oublions tout ce qui nous entoure. Au bout de quelques minutes à peine, nous sommes stoppés dans notre élan par le bruit d'un terrible CRASH !

— Oups, la fin d'une carrière qui commençait si bien, me dis-je.

Papa fait irruption dans ma chambre pour découvrir ma lampe de chevet gisant par terre en mille morceaux. Arthur et moi restons plantés là, bouche-bée.

— Dommage, fait Papa. Chaque fois qu'une lampe se casse, c'est aussi une tirelire qu'on doit casser. Il embarque les restes de la lampe et la bataille reprend. Oui, vous avez bien entendu, la bataille reprend !

Mais cette fois, nous faisons très attention à rester à l'écart de tout ce qui est fragile. Parce que, voyez-vous, ma tirelire n'est pas assez riche pour payer une deuxième lampe.

En famille, ou avec mes amis, on s'amuse tellement bien que chaque événement, petit ou grand, devient absolument inoubliable.

Ce que je trouve drôle

Pour moi un jour drôle, c'est

Me voici habillé/e dans mon costume préféré

Mon jeu préféré avec mes frères et sœurs

Ce que j'aime à

Un coeur joyeux est un bon remède.

Proverbes 17:22

Mon anniversaire : ....

Noël : ....

Pâques : ....

Carnaval : ....

Dans les soirées pyjama : ....

L'anniversaire des amis : ....

Durant les vacances : ....
....

C'est quoi pour moi une magnifque soirée en famille

....
....
....
....
....

C'est quoi pour moi une super fête

....
....
....
....

LET'S PARTY

Au pays des rêves

C'est l'heure de me coucher. Après l'histoire, je demande à Maman :
— À quoi ça sert de dormir ?

Maman me fait part de quelques réflexions :
— Le sommeil donne à ton corps des mini vacances et t'aide à grandir. (Oh oui, j'aurais bien besoin d'augmenter ma taille. Comme ça, je pourrais attraper moi-même la boîte à cookies.)
— Le sommeil t'aide à combattre les microbes en renforçant ton système immunitaire. (J'aime assez l'idée d'être en super forme.)
— Le sommeil te rend plus intelligente, plus attentive. (J'ai failli m'endormir en classe aujourd'hui. Donc ça pourrait marcher.)
— Dormir te rend de meilleure humeur. (Je pense qu'on devrait dire ça à Betty, elle en a bien besoin.)
— Le sommeil améliore la mémoire. (Attends, c'est quoi déjà ce que Maman vient de dire ?)

— D'accord, Maman. Je crois que je suis prête à m'envoler au pays des rêves.
— Bonne nuit, ma chérie, chuchote Maman.
— Oh, attends ! Juste une petite devinette. Quand est-ce que la lune est la plus lourde ?
— Quand elle est pleine, pardi, plaisante Maman. Maintenant, endors-toi.

Mon esprit se met à divaguer. Je pense à toutes les choses marrantes que je pourrais faire. Mais ça ne m'aide pas trop... Alors je m'amuse à penser que je devrais décorer ma chambre comme une salle de classe, ça m'aiderait peut-être à m'endormir plus vite.
Que je dorme ou que je sois éveillée, je rêve, car je pense sans cesse à de nouvelles choses à découvrir. Je rêve de devenir dégustatrice de glaces, pour goûter à d'étranges et merveilleuses nouvelles saveurs. C'est ça qu'on devrait nous apprendre à l'école...
Bientôt, me voilà assise sous un arbre qui porte de drôles de fruits, ce sont des cornets de crème glacée. Puis je hume des buissons de fleurs qui ressemblent à des paillettes...

Attendez ! Serais-je déjà au pays des rêves ? Il faut dire que je suis très douée pour m'endormir, je peux le faire les yeux fermés.

Rêves et envies

Cette année, c'est l'année idéale pour ....
....
....

Si j'avais un souhait,
ce serait
....
....
....
....

Je dessine l'un de mes rêves

Si seulement je pouvais ....

Si seulement je pouvais avoir ....

Si seulement je pouvais faire ....

Si seulement je n'avais pas à ....

Si seulement je n'avais pas besoin de ....

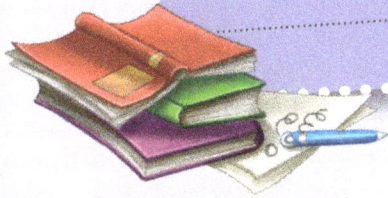

Pour mon anniversaire j'aimerais

Pour Noël j'aimerais...

Mon rêve...

De petit animal serait ....

....

De maison serait ....

....

De talent serait ....

....

D'école serait ....

....

De vacances serait ....

....

Dieu a pour nous des projets de bonheur.

Jérémie 29:11

www.iCharacter.eu
ISBN 978-1-63474-374-7
Textes et illustrations: Agnès de Bézenac
Traduction : Berniris
Relu par l'équipe iCharacter et Martine Caroni

Publié par iCharacter Limited ®. 6-9 Trinity Street, Dublin 2, Irlande.
Loi n° 49-956 du 16 juillet 1949 sur les publications
destinées à la jeunesse. Dépot légal juillet 2020.
Copyright 2020. Tous droits réservés.
Imprimé en Pologne

www.ingramcontent.com/pod-product-compliance
Lightning Source LLC
Chambersburg PA
CBHW040315100426
42811CB00012B/1446

9781634743747